Fundamentos de los Requisitos de Software

Jorge Bernal García

ISBN-13: 9798608860621

Diseño de la portada de: Jorge Bernal García

Agradezco a mis dos hijos Iván y Adrián por haber entendido el tiempo que he dedicado a mi trabajo, a aprender cada día cosas nuevas para aplicarlas y a luchar por sacarles adelante.

Agradezco a los compañeros de los distintos trabajos y a clientes y proveedores que me han permitido ampliar mi conocimiento y con él poder escribir este libro.

Agradezco también a las personas que me han ayudado en los momentos difíciles y que me han ayudado a superarlos.

A todos les dedico este mi primer libro y espero que no sea el último

Contenido

Introducción

Los objetivos por los que he decidido escribir este libro son los siguientes:

1.-Permitir al lector comprender los beneficios de la Ingeniería de Requisitos, las tareas que lleva asociadas y las técnicas utilizadas

2.-Que pueda adquirir una visión profesional integral y detallada de la disciplina de la Ingeniería de Requisitos

3.-Posibiliartle comprender el proceso general de la Ingeniería de Requisitos y su lugar de inserción en el ciclo de vida del desarrollo de software

4._Dejarle identificar los diferentes actores dentro del proceso de la Ingeniería de Requisitos

Espero que este libro, que pretendo sea un manual de ayuda para las personas que se dediquen o quieran dedicarse a la Ingeniería de Requisitos, sirva para que puedan tener una metodología que puedan utilizar en el proceso de gestión de los requisitos y puedan incrementar el porcentaje de proyectos exitosos.

Capítulo 1 – El día a día

En este capítulo vamos a poner algunos ejemplos de los que es el día a día en los desarrollos del software, debido a la falta de una Ingeniería de Requisitos bien realizada.

Ejemplo 1.

- Hola Daniel. Soy María de Recursos Humanos. Tengo un problema con el sistema de empleados que tu programaste. Una empleada cambio su nombre a Lucecita Resplandeciente, y el sistema no acepta el cambio, ¿puedes ayudarme?
- ¿Se casó con alguien de apellido Resplandeciente?
- No, no se casó, simplemente se cambió de nombre – replicó María-. Ese es el problema, parece que sólo se puede cambiar el nombre siempre y cuando se modifique el estado civil.
- Así es, nunca pensé que alguien pudiera cambiar de nombre. No recuerdo que me hayas comentado sobre esa posibilidad cuándo platicamos sobre el sistema - Comentó Daniel.
- Yo asumí que tu sabías que la gente puede legalmente cambiar de nombre en cualquier momento –respondió María. Necesitamos que esto quede resuelto para el viernes o Lucecita no podrá cobrar su nómina. ¿Pudieras reparar este bug para entonces?
- No es un bug! –Daniel replicó. Nunca me dijiste que requerías de esa funcionalidad. Estoy muy ocupado con el sistema de evaluación del desempeño.
Creo que por aquí tengo otra solicitud de cambio para el sistema de empleados. Si, aquí hay otro cambio.

Posiblemente tenga arreglado del problema para el fin de mes, imposible en esta semana. Lo siento, la próxima vez avísame temprano sobre estas cosas y por favor, déjalas por escrito.

- ¿Qué esperas que le diga a Lucecita?. Se va a poner furiosa porque no va a poder cobrar.

- Escucha María, esa no es mi culpa –protesto Daniel. Si me hubieras dicho desde el principio que necesitabas poder cambiar el nombre de un empleado en cualquier momento, esto no hubiera pasado. No me puedes culpar por no leer tú mente.

- María, molesta y resignada, respondió...estas son el tipo de cosas que me hacen odiar a los sistemas informáticos. Llámame cuando hayas resuelto el problema, adiós.

Este es un claro ejemplo de lo que sucede en el día a día, los usuarios dan por asumidas muchas cosas, porque para ellos es el trabajo diario, y es "obvio" que las cosas son así, a lo que se junta, que las personas que toman los requisitos solamente escuchan lo que les dice el usuario, sin investigar más a fondo.

En este libro, vamos a intentar establecer sistemas y metodologías, para que la toma de requisitos se realice de una forma completa que evite llegar a estos extremos, y se pueda obtener una Especificación de Requisitos Completa.

Ejemplo 2

Este caso es real y me ocurrió a mi personalmente, llegué a un cliente que quería renovar su sistema porque tenía algunos fallos de funcionamiento y además el sistema iba demasiado lento.

Al preguntar al usuario por los requisitos, la respuesta fue rápida...

- Quiero que el sistema funcione exactamente igual que el anterior.

Mi respuesta al cliente fue la siguiente:

- ¿Quieres un sistema igual de lento, con los mismos fallos, con la misma falta de usabilidad?

Y este tipo de requisitos es muy habitual en los clientes. Es importante hacerle ver al cliente la necesidad de "perder" cierto tiempo en una definición completa de los requisitos, para que al final el sistema funcione correctamente.

Ejemplo 3

- Necesito el precio de unos accesorios de baño para mañana {contrato a precio fijo, alcance fijo, plazo fijo}

- Sin problema, le cuesta $120 cada uno {confirmación del contrato}

- Perfecto, pero los quiero colocados en la pared {ampliación del alcance no prevista}

- Ok, se los doy colocados en la pared {aceptación ¿? de la ampliación}

Obviamente esta situación es ficticia, pero el resultado es real. Esa "instalación" lleva así desde hace más de un mes en un baño público y nada indica que la situación vaya a mejorar en el corto plazo.

Alguien ha dado esa instalación por "hecho" pero esa no es la impresión que da cuando necesitas secarte las manos.

Ejemplo 4

En este caso no es un ejemplo de requisitos mal tomados, pero es algo que ocurre en la vida real, el cliente no sabe realmente lo que quiere, pero lo quiere lo antes posible.

O hay veces que lo que hace el cliente es especificarte un medio que es como él hace las cosas normalmente en vez de su necesidad.

Ayer mismo, antes de empezar a escribir este libro, un cliente me pidió que necesitaba que mi desarrollo exportara un archivo Excel con unas 500 columnas por casi 9.000 filas para poder hacer un proceso manual de identificación de usuarios que no hubieran realizado un curso. Le pregunté que para qué lo necesitaba, y su respuesta fue para buscar manualmente las personas que no habían dado un curso, cuando le volvía a preguntar el para qué lo quería me dijo que para poder enviarles un email para que se inscribieran al curso.

Finalmente llegaos a que lo que necesitaba era un sistema para poder enviar un email a los usuarios que no habían recibido un curso determinado para que se inscribieran, pero como con el sistema antiguo, él obtenía el listado a partir de un Excel, su requisito era obtener el mismo Excel que había obtenido siempre, en vez de el requisito real que es el de enviar un email a los usuarios que no habían hecho el curso para que se inscribieran al mismo.

Este tipo de problemas en la toma de requisitos hace que, en el Área de Sistemas, haya una decepción continua por la situación.

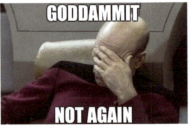

La siguiente imagen es un clásico en la toma de requisitos, yo ya la conozco desde que estaba en la Universidad allá por 1982, y lo peor del caso es que casi 40 años después sigue teniendo plena vigencia.

Fundamentos de los Requisitos de Software

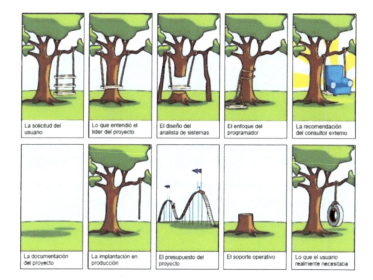

La solicitud del usuario | Lo que entendió el líder del proyecto | El diseño del analista de sistemas | El enfoque del programador | La recomendación del consultor externo

La documentación del proyecto | La implantación en producción | El presupuesto del proyecto | El soporte operativo | Lo que el usuario realmente necesitaba

Capítulo 2. ¿Cómo hemos llegado hasta aquí?

Vamos a analiza cómo hemos ido llegando hasta este paso y cómo deberíamos solucionar estos problemas cuando hablamos de desarrollo de software, porque este problema de toma de requisitos no se plantea sólo en este mundo de la programación, sino en múltiples ámbitos, como la arquitectura, la ingeniería, o como vimos antes hasta en la instalación de un secador de manos.

Bajo mi punto de vista hay que revisar los siguientes puntos

El término de Definición de Hecho

Este término, está normalmente asociado a las metodologías Scrum, pero no es algo que debamos limitarlo a esas metodologías Scrum, ágiles o cualquier otra.

Este término es algo que se debe tener en cuenta y sobre el que hay que negociar en cada proyecto, ya que de esta definición se haga de una forma correcta va a depender el éxito o el fracaso de muchas entregas, independientemente de la metodología utilizada

En un mundo ideal, un análisis, o cualquier definición de una tarea, está perfectamente definida, y quien lo solicita (consultor, analista, producto owner, cliente, … da igual quien ses) especifica detalladamente **qué** quiere, **cuándo**, **dónde** y **cómo** lo quiere.

Pero desgraciadamente, no vivimos en un mundo ideal, y el obtener detalladamente el qué, cuándo, dónde y cómo rara vez ocurre, vamos a tener que preguntar o suponer uno o varios de esos interrogantes, y de nuestro acierto con esas preguntas y/o suposiciones va a depender que el resultado sea el esperado o no.

Problemas en el Software

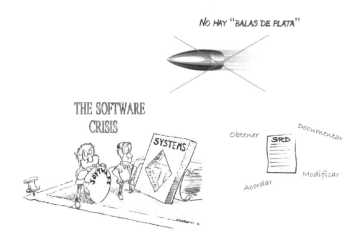

En el software no hay balas de plata que permitan saber que lo que vamos a desarrollar si seguimos una metodología determinada siempre va a ser correcto. Por eso a lo largo del tiempo han ido surgiendo metodologías que poco a poco don han ido dando normas y métodos para minimizar el riesgo que conlleva una Ingeniería de Requisitos defectuosa.

Eso ha hecho que se considere que siempre ha habido una crisis en el software, donde siempre se diseñaba algo que no era lo que se necesitaba, o que no se podía encajar a las necesidades del cliente.

Por eso es importante establecer esas metodologías que se describen en la Ingeniería del software y que básicamente se resumen en **obtener** la información de lo que necesita el cliente, **acordarla** con el mismo para que no haya contradicciones, documentarla para que quede todo bien definido, al final el programador no es el analista, y si no está bien documentado, el desarrollo no va a salir como se desea, y finalmente, el software y el mundo real es algo vivo que necesita adaptarse a los cambios y hay que estar preparados para poder **modificar** los requisitos a lo largo del tiempo.

¿Algún proyecto fallido?

Hay miles de proyectos fallidos por no haber identificado desde el principio la complejidad de los mismo, no haber visto su alcance y haber pensado que eran más sencillos de lo que realmente lo son.

"All software projects can be successful"

Y como dice la imagen de arriba y creo que **Todos los Proyectos de Software pueden ser Exitosos**, y espero con este libro poner mi granito de arena para que esto pueda ser posible en los proyectos de mis lectores.

Lo que intentaré es evitar que aplicando las metodologías descritas en el libro lleguemos a que el cliente esté furioso y el equipo de desarrollo desesperado

Capítulo 3 – Factores de éxito de un proyecto

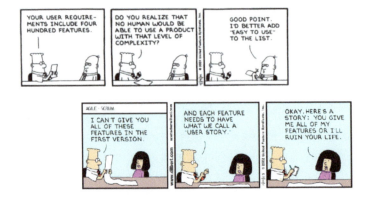

El comienzo de todo desarrollo de software comienza por el planteamiento de necesidades por parte del cliente/usuario, y esta es la parte fundamental desde la que hay que definir correctamente las necesidades que tiene el usuario, por qué las tiene, y cuál es el beneficio que va a obtener con la resolución de la necesidad.

Steve McConnell definió en 2001 10 claves para que los proyectos tengan éxito y para mí todavía siguen teniendo plena vigencia.

Clave 1 – Visión clara

- Los equipos de proyecto trabajan hacia los objetivos establecidos para ellos.
- Demasiados objetivos = sin objetivos.
- Una buena declaración de visión prioriza y describe qué dejar fuera.
- La Visión afecta a la consecución de los objetivos de negocio.

Clave 2 – Requisitos escritos, completos y estables.

- El cambio en los requisitos es el riesgo más común de proyectos de software.
- Por lo general no es posible contar con requisitos 100% estables y exhaustivos.
- La mayoría de los cambios en los requisitos se debe a requisitos incompletos.

Clave 3 – Prototipo.

- Enfrenta el riesgo más común i.e. Cambios en los requisitos.
- Involucra a los usuarios.
- Más rápido, menos costoso y mayor satisfacción de los usuarios.
- Se requiere de experiencia para desarrollar prototipos exitosos.

Clave 4 – Gestión de proyectos efectiva.

- La pobre planeación es la segunda causa de riesgos del proyecto.
- Es un área de alto apalancamiento.
- Algunas personas no aprecian la buena gestión de proyectos – no la conocen.

Clave 5 – Estimaciones acertadas.

- Las expectativas poco realistas / injustificadas son un problema importante de fallos de software.
- Estado del arte es mucho mejor que Estado de práctica.
- El promedio de sobrecostos de los proyectos es más del 100% (la mayoría de los proyectos son mucho peores)

Clave 6 – Presupuesto en dos fases.

- Retardar los compromisos hasta cuando estos sean significativos.
- Ayuda a establecer expectativas realistas para todos los interesados en el proyecto.
- Mejora la ejecución al planear sobre una base más informada.

Clave 7 – Enfoque en la calidad.

- Mantener defectos en el proceso incrementa los costos de los defectos.
- Arregla más defectos temprano.
- El trabajo de corrección de defectos no planeado es el factor de costo más grande (40-80% de los costos del proyecto).
- La calidad debe ser planeada, no debe ser añadida como una ocurrencia tardía.

Clave 8 – Tecnología.

- Muchos proyectos sufren por la adopción de una nueva tecnología.
- Nueva tecnología=alto riesgo.
- La experiencia en la tecnología es importante; las técnicas de ingeniería de software son muy importantes.

Clave 9 – Gestión de riegos activa.

- Alrededor del 80 % de los proyectos en problemas no hizo ninguna gestión de riesgos significativa.
- Más del 50 % de los proyectos presentan problemas durante el desarrollo inicial.
- Cerca del 25% de los proyetos presentan problemas durante la planeación inicial.

- Una activa gestión de riesgos evita que los problemas pequeños se conviertan en grandes problemas que maten el proyecto.
- La realidad es que la mayoría de las empresas se ven acosados por los riesgos de todos los lados - no están eligiendo cuáles riesgos tomar.
- Gestionar los riesgos no estratégicos para poder asumir riesgos estratégicos.

Clave 10 – El Software es creado por humanos.

- Cuida a tú personal.
- Reclutamiento de personal, formación, motivación/moral y el ambiente de trabajo.

Fuente: Presentation to UW MBA Students, Fall 2001 by Steve McConnell

La encuesta CHAOS, indicó que los principales factores de éxito de los proyectos de software son los siguientes:

Factores de éxito de proyectos	% de Respuestas
1.- Implicación del usuario	15,9%
2.- Soporte de los Gestores Ejecutivos	13,9%
3.- Un claro conjunto de requisitos	13,0%
4.- Planificación correcta	9,6%
5.- Expectativas realistas	8,2%
6.- Hitos de proyecto más pequeños	7,7%
7.- Equipo de trabajo competente	7,2%
8.-Propiedad del proyecto	5,3%
9.-Visión y objetivos claros	2,9%
10.- Trabajo duro y equipo enfocado	2,4%
Otros	13,9%

Si nos fijamos en esta tabla, vemos que los apartados relativos a la Ingeniería de Requisitos suman aproximadamente un 50% del éxito de un proyecto.

El usuario debe estar implicado en el proyecto, para que la toma de requisitos sea correcta, nos pueda definir un claro conjunto de requisitos que nos permita definir una planificación correcta, en la que podamos definir los hitos correctos y reducirlos según las necesidades y poder definir una visión y objetivos del proyecto de una forma clara.

En cuanto a las causas de fracaso de los proyectos el informe indica las siguientes:

Factores de fracaso de proyectos	% de Respuestas
1.- Falta de entradas por parte del usuario	12,8%
2.- Requisitos y especificaciones incompletas	12,3%
3.- Requisitos y especificaciones cambiantes	11,8%
4.- Falta de soporte ejecutivo	7,5%
5.- Incompetencia tecnológica	7,0%
6.- Falta de recursos	6,4%
7.-Espectativas no realistas	5,9%
8.- Objetivos no claros	5,3%
9.- Tiempos de desarrollo no realistas	4,3%
10.- Uso de nuevas tecnologías	3,7%
Otros	23,0%

Si nos fijamos en el caso de los factores de fracaso, la mayoría provienen de problemas en la gestión y toma de los requisitos, bien por falta de implicación de los usuarios, bien por una mala toma de los mismos, o del alcance del proyecto.

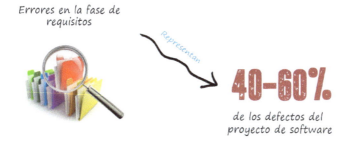

Como he comentado anteriormente, los errores en la fase de toma de requisitos, viene a suponer entre el 40 y el 60% de los defectos que surgen en el desarrollo de los proyectos de software.

Capítulo 4.- Descubrimiento de Requisitos

Como iremos viendo, hay muchos tipos de requisitos, y en un proyecto hay que contemplarlos todos. Desde los requisitos del usuario que se realizan mediante las tecnologías de Descubrimiento de Requisitos de Software, identificando los requisitos funcionales y los no funcionales, a identificar los diferentes requisitos de sistema.

Al final el descubrimiento de requisitos es una forma de identificar por un lado las necesidades del negocio, con las del usuario, de forma que identifiquemos las necesidades, para identificar lo que se tiene que desarrollar para cumplir con las mismas.

Diferente observador, diferente descripción

REQUISITO DE USUARIO

REQUISITO FUNCIONAL

REQUISITO DE SOFTWARE

REQUISITO TÉCNICO

REQUISITO DE NEGOCIO

REQUISITO DE SISTEMA

REQUISITO DE PRODUCTO

Es importante identificar que dependiendo del observador que defina los requisitos, la descripción será diferente, y por tanto hay tantos tipos de requisitos.

Si me preguntan por la definición de requisito,

Un requisito es algo que debe ser implementado. Es una descripción de lo que el sistema debe ser capaz de hacer (**o una restricción que debe cumplir**), o una propiedad o atributo del sistema para que pueda realizar su propósito y satisfacer a sus usuarios.

De una forma sencilla, podemos decir que un requisito es una propiedad que el producto debe tener para **proporcionar valor** a los distintos grupos de interés (stakeholders).

No caigas en la trampa de asumir que todos los stakeholders del proyecto comparten la misma noción de lo que es un requisito. Es importante establecer las definiciones por adelantado para que todos entiendan e identifique de lo que se está hablando.

Algunos ejemplos de requisitos

- El sistema debe ser capaz de soportar hasta 100 usuarios de manera simultánea, cada uno ejecuta la mezcla aleatoria de tareas operacionales documentada en el Apéndice A, con tiempo promedio de respuesta menor a 1 segundo, y un tiempo máximo de respuesta de 5 segundos.
- Los mensajes de error deben desplegarse en el centro de la ventana de diálogo, en letra Arial Bold 14 y en color rojo.
- El sistema debe ser capaz de almacenar las transacciones generadas durante 100 días consecutivos de operación.
- Las interfaces de comunicaciones deben cumplir con la capa siete de la arquitectura ISO/OSI.

Beneficios de la Ingeniería de Requisitos

La ingeniería de Requisitos establece la base de los acuerdos entre cliente y el proveedor del software.

Va a circunscribir los esfuerzos y el alcance del proyecto, por lo tanto, se reducen costos y riesgos en el proyecto.

Reduce los esfuerzos del desarrollo al apoyarse en revisiones disciplinadas de los requisitos, identificando cualquier requisito perdido, incorrecto, ambiguo o excesivo.

Sirve de base para los manuales del usuario.

Es el fundamento de todas las actividades de validación y verificación efectuadas en las fases de diseño, implementación y pruebas. El documento de especificación de requisito (SRS) es la base para la aceptación de las pruebas.

Identificación de los Stakeholders

Es imprescindible, antes de comenzar a realizar cualquier desarrollo identificar los stakeholders, esto es, todas las personas con intereses en el proyecto, e identificar asimismo el rol que cada uno de ellos va a tener a lo largo del proyecto.

Es muy importante esta identificación. Hay que determinar que es el tomador de decisiones y el que va a tener la palabra final l en cualquier discrepancia que pueda surgir. Es habitual en los proyectos que un usuario final sin capacidad de decisión pueda estar dando indicaciones que sean contrarias a las necesidades del negocio. Además, hay que identificar cada uno de los stakeholders qué información nos puede proporcionar cada uno de ellos.

Capítulo 5 – Tipos de Requisitos

Dependiendo de los niveles de descripción hay distintos tipos de requisitos

Requisitos de negocio: Representan los objetivos de alto-nivel tanto de la organización como de los usuarios que requieren el sistema. Describen porqué la organización requiere de la implementación el sistema y los objetivos que se esperan alcanzar.

Requisitos del usuario: Declaraciones en lenguaje natural, en historias de usuario o en diagramas de los servicios que se espera que el sistema provea y de las restricciones bajo las cuales debe operar.

Requisitos del sistema: Establecen con detalle los servicios y restricciones del sistema. El documento de los requisitos del sistema, algunas veces denominado especificación funcional debe ser preciso. Este sirve como un contrato entre el comprador del sistema y el desarrollador del software.

Reglas de negocio: Políticas corporativas, regulaciones gubernamentales, estándares de la industria, prácticas contables, y algoritmos computacionales. Estas reglas no son en sí requerimientos de software porque estas existen fuera de los límites de cualquier especificación del sistema de software.

Requisito de interfaz externa: descripción de una conexión entre un sistema de software y un usuario, otro sistema de software, o un dispositivo de hardware.

Atributos de calidad: Amplían la descripción de la funcionalidad del producto, describiendo sus características en varias dimensiones (usabilidad, portabilidad, integridad, eficiencia, y robustez)

Interfaz externa: Describen la comunicación entre el sistema y el mundo exterior y el diseño e implementación de restricciones

Restricciones: Imponen restricciones a las opciones disponibles por los desarrolladores para el diseño y construcción del software

Niveles de Requisitos

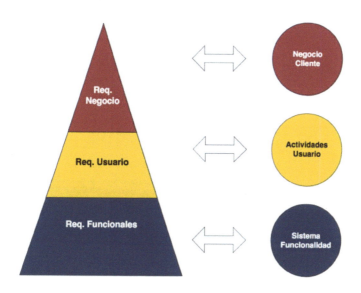

En la cúspide de la pirámide están los requisitos de negocio, en las que se definen como he dicho antes los objetivos a alto nivel de la empresa que se tienen que resolver con el desarrollo, a continuación, están los requisitos de usuario que refinan estos objetivos de alto nivel de la empresa ya a las distintas actividades que tiene que resolver cada usuario en el ámbito de la solución a desarrollar. Finalmente, en la base de la pirámide, se encuentran los requisitos funcionales que son la definición de las funcionalidades que debe disponer el sistema para ejecutar todo lo descrito en los niveles superiores.

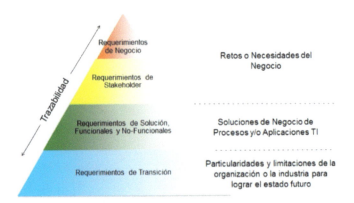

En todos estos niveles de requisitos, debe existir una trazabilidad entre los distintos niveles de requisitos para poder identificar que los requisitos de los niveles inferiores van cumpliendo las necesidades y lineamientos de los niveles superiores.

Relación entre los distintos niveles de requisitos

En el cuadro a continuación, se indican las relaciones entre los distintos niveles de requisitos, indicando en las transiciones dónde se genera la información y en qué documento es en el que se almacena la información.

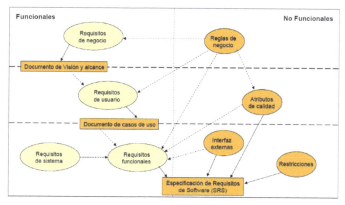

* Las flechas sólidas significan "se almacena en"; las flechas punteadas significa "son el origen de" o "influencia"

En un proyecto de metodologías ágiles, el Documento de Casos de uso, se cambiaría por el de Historias de Usuario.

Ejemplo de los niveles de requisitos para un procesador de textos

Requisito de negocio. "El sistema debe permitir a los usuarios corregir, en un documento, los errores de ortografía de manera eficiente".

- La caja del producto tiene indicado que se cuenta con un corrector ortográfico que satisface el requerimiento

Requisito de usuario (tareas, casos de uso). "encuentra los errores de ortografía" y "agrega palabras al diccionario".

Requisito funcional. El corrector ortográfico lo integran varios requisitos funcionales: "encontrar y resaltar los errores ortográficos", "desplegar una caja de diálogo con las palabras sugeridas", "globalmente reemplazar las palabras erróneas".

Atributos de calidad (usabilidad). Pudieran especificar lo que significa la palabra "eficiente" en el requerimiento de negocio.

REQUISITOS DE NEGOCIO

Los Requisitos de Negocio describen por qué la organización está implementando el sistema y los beneficios de negocio que la organización espera lograr. Se enfocan en los objetivos de la organización o del usuario que solicita el sistema.

Los requisitos de negocio suelen venir del patrocinador del proyecto, el cliente que adquiere, el administrador de los usuarios reales, o de un visionario producto.

Los requerimientos de negocio se registran en un documento de visión y alcance. Otros documentos de orientación estratégica a veces se utilizan para este propósito, incluyen una carta del proyecto (project charter), casos de negocio y documento de requisitos de mercado.

Un ejemplo de requisito de negocio podría ser:

La compañía aérea cliente, quiere reducir los gastos de personal que están en los mostradores de atención al cliente del aeropuerto.

Este objetivo podría dar lugar a la idea de desarrollar un kiosko para que los pasajeros puedan realizar la facturación de su vuelo en el aeropuerto.

REQUISITOS DE USUARIO

Los Requisitos de Usuario describen los objetivos o tareas que los usuarios deben ser capaces de realizar con el producto y que proporcionará valor para alguien. Especifican el comportamiento externo del sistema y evitan, tanto como sea posible, las características de diseño del sistema. Definen asimismo, el dominio de las necesidades del usuario también incluye descripciones de los atributos del producto, o características que son importantes para la satisfacción del usuario.

Las formas para representar requerimientos de usuario incluyen:

- Casos de uso
- Historias de usuario
- Descripciones de escenario
- Prototipos
- Tabla de respuesta a eventos

Un ejemplo de requisito de usuario para un editor de cuadrícula podría ser

RM.PR.15. **Recursos de la cuadrícula**: Para ayudar a la ubicación de entidades en un diagrama, el usuario activará una cuadrícula en centímetros o en pulgadas, mediante una opción en el panel de control. De forma inicial dicha cuadrícula estará desactivada. Esta cuadrícula se podrá activar o desactivar en cualquier momento durante una sesión de edición y puesta en pulgadas y centímetros. La opción de cuadrícula se proveerá en la vista de reducción de ajuste, pero el número de líneas de la cuadrícula a mostrar se reducirá para evitar saturar el diagrama más pequeño con líneas de cuadrícula

La primera oración muestra tres diferentes clases de requisitos:

1. Un requisito funcional conceptual que establece que el sistema de edición proveerá una cuadrícula. Se presenta la justificación de esto.
2. Un requisito no funcional que provee información detallada de las unidades de la cuadrícula (centímetros o pulgadas).
3. Un requisito de interfaz de usuario no funcional que define la manera en que esa cuadrícula es activada o desactivada por el usuario

Como recomendación, para evitar malas interpretaciones, se recomiendan las siguientes pautas para redactar requisitos de usuario:

- Diseñar un formato estándar y asegurar que todos los requisitos se adhieran al formato.
- Utilizar el lenguaje de forma consistente. Distinguir entre los requisitos deseables y los obligatorios. Es necesario que la sucesión de acciones se especifique, pero no es esencial.
- Resaltar el texto (con negritas o itálicas) para ver las partes claves del requisitos.
- Evitar, hasta donde sea posible, utilizar el lenguaje "técnico" de computación. Sin embargo, será inevitable utilizar términos técnicos

detallados provenientes del dominio de la aplicación del sistema.

Como hemos indicado anteriormente, hay múltiples formas de definir los requisitos de usuario dependendiendo de la metodología utilizada.

Por ejemplo,

Caso de uso

"Check in" de vuelo usando la página web de la aerolínea o un kiosko en el aeropuerto.

Historia de Usuario

Como pasajero, quiero hacer el "check in" para un vuelo, para que pueda abordar mi avión.

UML

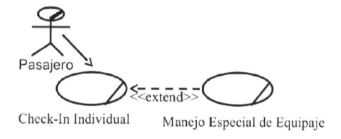

Si se redactan en lenguaje natural se pueden presentar los siguientes problemas que tenemos que tener en cuenta:

1. **Falta de claridad**: Algunas veces es difícil utilizar el lenguaje de forma precisa y no ambigua sin detallar el documento y hacerlo difícil de leer.
2. **Confusión de requerimientos**: No se distinguen claramente los requisitos funcionales y no

funcionales, las metas del sistema y la información para el diseño.

3. **Conjunción de requerimientos**: Diversos requisitos diferentes se expresan de forma conjunta como un único requisito.

REQUISITOS DE SISTEMA

Los requisitos del sistema describen los requisitos de un producto que está compuesto de múltiples componentes o subsistemas (ISO / IEC / IEEE 2011). Sirven como base para definir el contrato de la especificación del sistema, y por lo tanto, debe ser una especificación completa y consistente del sistema Son utilizados por los ingenieros de software como el punto de partida para el diseño del sistema

Un sistema puede incluir software, hardware, procesos y personas.

En principio establecen lo que tiene que hacer el sistema y no cómo se tiene que implementar.

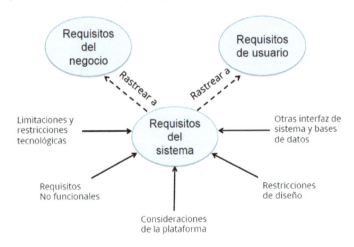

Un buen ejemplo de un "sistema" es el punto de venta en un supermercado. Hay un escáner de código de barras integrado con una báscula, así como un escáner de código de barras de mano. El cajero tiene un teclado, una pantalla, y un cajón de caja. Usted verá un lector de tarjetas y PIN Pad para firma. Es posible que vea hasta dos impresoras, una para el recibo de compra y otra para el recibo de la tarjeta. Todos estos dispositivos interactúan bajo el control de un software y a través de interfaces específicas.

Para definir los requisitos de sistema se pueden utilizar distintas notaciones según la metodología utilizada.

Notación	Descripción
Lenguaje natural estructurado	Este enfoque depende de la definición de formas estándar o de plantillas para expresar la especificación de requisitos
Notaciones gráficas	En este caso para definir los requisitos funcionales del sistema, se utiliza un lenguaje gráfico complementado con anotaciones de texto
Lenguaje de descripción de diseño	Este enfoque utiliza un lenguaje similar a uno de programación, pero con características más abstractas, para especificar los requisitos por medio de la definición de un modelo operacional del sistema
Especificaciones matemáticas	Son notaciones que se basan en conceptos matemáticos como el de las máquinas de estado finito o los conjuntos. Estas especificaciones no son ambiguas y por tanto reducen las diferencias

	sobre la funcionalidad con el cliente/usuario

REQUISITOS FUNCIONALES

Describen la funcionalidad o los servicios que proporcionará el software, de la forma en la que éste reaccionará a entradas particulares y de cómo se comportará en situaciones particulares.

Describen lo que los programadores deben implementar para que los usuarios puedan realizar sus tareas (necesidades de los usuarios), y así, cumplir los requisitos de negocio. En algunos casos también declaran explícitamente lo que el sistema no debe hacer. Incluyen las cosas que los usuarios y los desarrolladores requieren que el sistema haga. Algunas veces estos requerimientos son llamados de comportamiento, estos se describen con la tradicional sentencia "deberá". Son comunmente llamados "características del producto" (features).

Árbol de características

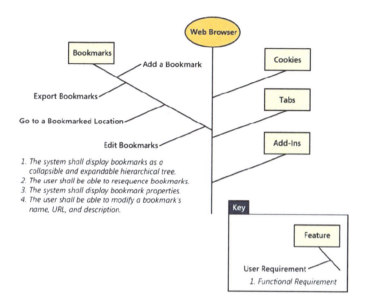

Algunos ejemplos de requisitos funcionales pueden ser:

- El usuario **deberá** tener la posibilidad de buscar en el conjunto inicial de la base de datos o buscar en un subconjunto de ella.
- El sistema **deberá** proveer visores PDF para que el usuario lea documentos digitales.
- El pasajero **deberá** ser capaz de imprimir pases de abordar para todos los segmentos de vuelo.
- Si el registro del pasajero no indica una preferencia de asiento, el sistema de reservas **deberá** asignar un asiento.
- El sistema **deberá** enviar vía e-mail la confirmación de la reservación al usuario.

REQUISITOS NO FUNCIONALES

No se refieren directamente a las funciones específicas que entrega el software, sino a las propiedades que provienen de éste como la fiabilidad, respuesta en el tiempo, seguridad, disponibilidad, usabilidad y la capacidad de almacenamiento.

Están relacionados principalmente con las características de calidad que especifican que tan bien el software hace lo que debe hacer y a menudo son más críticos que los requisitos funcionales particulares.

Pueden ser también:

- Interfaces externas
- Restricciones de diseño
- Reglas de negocio

En cuanto a los Requisitos no Funcionales se pueden diferenciar los siguientes:

- **Requisitos del producto**: Especifican el comportamiento del producto, i.e.: requisitos de desempeño en la rapidez de ejecución del sistema y cuánta memoria se requiere; los de fiabilidad que fijan la tasa de fallas para que el sistema sea aceptable; los de portabilidad y los de usabilidad.
- **Requisitos organizacionales**: Se derivan de las políticas y procedimientos existentes en la organización del cliente y en la del desarrollador, i.e.: estándares en los procesos que deben utilizarse; requisitos de implementación como los lenguajes de programación o el método de diseño a utilizar, y los requisitos de entrega que especifican cuándo se entregará el producto y su documentación.
- *Requisitos externos:* requisitos que se derivan de los factores externos al sistema y a su proceso de desarrollo. Incluyen:

  o Los requisitos de interoperabilidad que definen la manera en que el sistema interactúa con los otros sistemas de la organización.
  o Los requisitos legales que deben seguirse para asegurar que el sistema opere dentro de la ley
  o Los requisitos éticos. Estos últimos para asegurar que el sistema será aceptado por el usuario y por el público en general

Como ejemplos de requisitos no funcionales podemos indicar:

- Requisito del producto

  RM.P.08. Será necesario que la comunicación requerida entre APSE y el usuario se pueda expresar utilizando el conjunto de caracteres de ADA

- Requerimiento organizacional

  RM.O.12. El proceso de desarrollo del sistema y los documentos a entregar deberán apegarse al proceso y a los productos a entregar definidos en SoftCorp-PR-STD-2016

- Requerimiento externo

  RM.EX.07. El sistema no deberá revelar a sus operadores alguna información personal de los clientes excepto su nombre y número de referencia

Algunas métricas de requisitos no funcionales pueden ser:

Propiedad	Medida
Rapidez	•Transacciones procesadas por segundo •Tiempo de respuesta al usuario y a eventos •Tiempo de actualización de la pantalla
Tamaño	• KB • Cantidad de memoria RAM requerida
Facilidad de uso	• Tiempo de capacitación • Número de cuadros de ayuda
Fiabilidad	• Tiempo promedio entre fallas • Probabilidad de no disponibilidad • Tasa de ocurrencia de las fallas • Disponibilidad
Robustez	• Tiempo de reinicio después de fallas • Porcentaje de eventos que provocan fallas • Probabilidad de corrupción de los datos después de las fallas
Portabilidad	• Porcentaje de declaraciones dependientes del objetivo • Número de sistemas objetivo

En la recopilación de los requisitos hay tres niveles en la función, tanto con perfiles de gestión de la empresa, como a con perfiles comerciales.

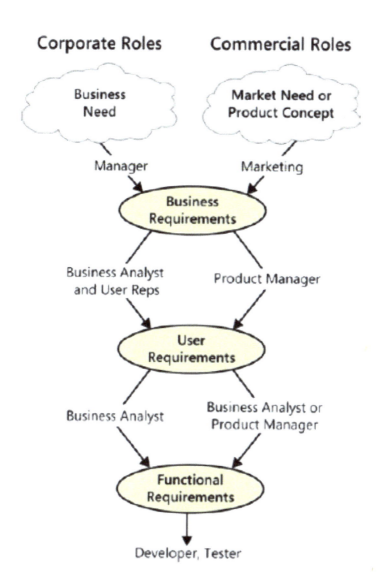

Qué no son requisitos

- No incluye detalles de diseño e implementación
- Información de la planeación del proyecto
- Información de pruebas
- Liberación del producto

REQ. DEL PROYECTO, NO REQ. DEL PRODUCTO

Capítulo 6 – Ingeniería de Requisitos

El dominio de la Ingeniería de Requisitos se puede definir en este cuadro.

En la práctica se puede definir de la siguiente manera:

DESARROLLO DE REQUISITOS

El desarrollo de requisitos comprende todas las actividades involucradas en la recopilación, análisis, evaluación, y documentación de requisitos de software:

- Identificar el producto esperado por cada clase de usuario.
- Obtención de las necesidades de los usuarios.
- Comprender las tareas y metas de los usuarios y los objetivos de negocio con los que están alineados.
- Entender la importancia de los atributos de calidad.

- Analizar la información recibida de los usuarios para distinguir entre las metas de las tareas y los requisitos funcionales, no funcionales, reglas de negocio, soluciones sugeridas e información ajena.
- Negociar las prioridades de implementación.
- Trasladar las necesidades de los usuarios a especificaciones de requisitos escritas.
- Revisar los requisitos documentados para garantizar un entendimiento común de lo declarado por los usuarios.

ELICITACION/OBTENCIÓN DE REQUISITOS

La elicitación/obtención de requisitos abarca todas las actividades involucradas en descubrir los requisitos, tales como entrevistas, talleres, análisis de documentos, creación de prototipos, y otros. Las acciones clave son:

- La identificación de las clases de usuarios esperados del producto y otras partes interesadas.
- La comprensión de las tareas y los objetivos del usuario, y los objetivos de negocio con las que esas tareas se alinean.
- Aprender sobre el medio ambiente en el que se utilizará el nuevo producto.
- Trabajar con individuos que representan a cada clase de usuario para entender sus necesidades de funcionalidad y sus expectativas de calidad.

Tres niveles de requisitos:

- Negocio
- Usuario
- Funcional

    • *Diferentes audiencias y propósitos*
    • *Documentados de diferente manera*

- Requisitos
  no-funcionales
  - ✓ Calidad
  - ✓ Desempeño

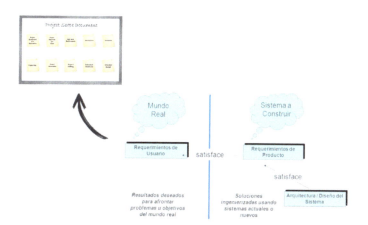

La estrategia de obtención de requisitos se puede centrar en el uso o en el producto. La estrategia centrada en el uso hace hincapié en la comprensión y la exploración de los objetivos del usuario para derivar la funcionalidad del sistema, mientras que el enfoque centrado en el producto se enfoca en la definición de las características que se espera que conducirá al mercado o al éxito del negocio.

ANALISIS

El análisis de requisitos implica llegar a una comprensión, más rica y más precisa, de cada requisito, representándolos en categorías de requisitos de múltiples maneras. Las siguientes son las principales actividades:

- Análisis de la información recibida de los usuarios para distinguir sus objetivos de trabajo de los requisitos funcionales, las expectativas de calidad, reglas de negocio, soluciones sugeridas, y otra información.
- Descomposición de requisitos de alto nivel en un nivel de detalle apropiado
- Derivación de los requisitos funcionales de otra información de requisitos
- Comprensión de la importancia relativa de los atributos de calidad.
- Asignación de requisitos a los componentes de software definidos en la arquitectura del sistema.
- Negociar prioridades de implementación.
- Identificar las brechas en los requisitos o requisitos innecesarios que se relacionan con el alcance definido.

ESPECIFICACION

La especificación de los requisitos consiste en representar y almacenar el conocimiento de los requisitos recogidos de una manera persistente y bien organizada. La actividad principal es la de trasladar a documentos y diagramas de las necesidades de los usuarios para su mejor comprensión, la revisión, y divulgación.

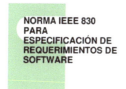 

Dentro de la especificación de requisitos, hay que realizar las siguientes actividades:

- Registrar reglas de negocio
- Adoptar una plantilla de ERS
- Etiquetar de manera única cada requisito
- Especificar los atributos de calidad
    - o Desempeño
    - o Eficiencia
    - o Confiabilidad
    - o Usabilidad, etc.

No importa cómo se obtengan los requisitos, hay que documentarlos de alguna manera consistente, accesible y revisable.

VALIDACION

La validación de requisitos confirma que se tiene el conjunto correcto de información de los requisitos que permitirá a los desarrolladores crear una solución que satisfaga los objetivos de negocio. Las actividades centrales son:

- Revisión de los requisitos documentados para corregir cualquier problema antes de que el grupo de desarrollo los acepta.
- Desarrollo de pruebas y criterios de aceptación para confirmar que un producto basado en los requisitos cumpliría con las necesidades del cliente y lograr los objetivos de negocio

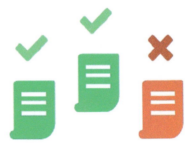

La validación asegura que los requisitos son correctos, permite demostrar las características de calidad deseados, y permite verificar que se satisfará las necesidades del cliente.

Las actividades a realizar en la validación de los requisitos son las siguientes:

- Inspeccionar los documentos de requisitos
- Probar los requisitos (casos de prueba)
- Definir criterios de aceptación
- Simular los requisitos

GESTION DE REQUISITOS

La gestión de requisitos implica establecer un acuerdo con el cliente sobre los requisitos del proyecto de software. Este acuerdo queda contenido en el documento de especificación de requisitos (ERS) y los modelos. Las actividades que incluye son las siguientes:

- Definición de la línea base de requisitos.
- Revisión de cambios a los requisitos y evaluación de su impacto.
- Incorporación de cambios aprobados en una manera controlada.
- Mantener el plan del proyecto de acuerdo a los requisitos.
- Negociación de nuevos compromisos en base al impacto estimado por cambios en los requisitos.
- Rastreo de requisitos individuales a su diseño correspondiente, código fuente, y casos de pruebas.

- Seguimiento al estatus de cada requisitos y cambio de actividades en todo lo largo del proyecto.

ESPECIFICACION DE REQUISITOS DEL SOFTWARE (ERS)

El propósito de la ERS es el establecimiento de un acuerdo entre el usuario y los analistas sobre **QUÉ** debe hacer el software. La ERS se produce al concluirse la fase de análisis. Debe abordar la descripción de lo que hay que construir, no el cómo, cuándo y quién desarrolla el software.

Contempla el establecimiento y mantenimiento de acuerdos entre el cliente y el desarrollador en relación con lo que se va a entregar y a los criterios que se van a utilizar.La mayor contribución de problemas en el desarrollo y mantenimiento se debe a una inadecuada especificación de requerimientos. La información que se incluya en un documento de especificación de requerimientos debe depender del tipo de software a desarrollar y del enfoque de desarrollo que se utilice.

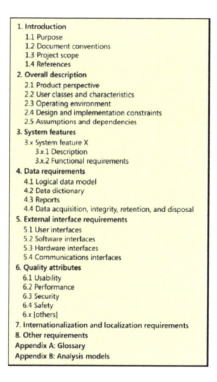

Los siguientes elementos no deben ser incluidos en una ERS

- Costes del proyecto
- Calendario de los entregable
- Procedimientos de reporte
- Métodos de desarrollo de software
- Procedimientos de aseguramiento de calidad
- Procedimientos de administración de la configuración
- Procedimientos de validación y verificación
- Procedimiento de aceptación
- Procedimiento de instalación

La ERS es importante porque permite tener una visión clara entre el dominio del negocio y el software a desarrollar. Además, la ERS puede ser parte de los acuerdos contractuales.

Finalmente, el documento de ERS puede ser usado para evaluar el producto final y se puede utilizar en las pruebas de aceptación acordadas entre el cliente y el proveedor.

Otra forma de ver la Ingeniería de Requisitos viene definida en el siguiente gráfico

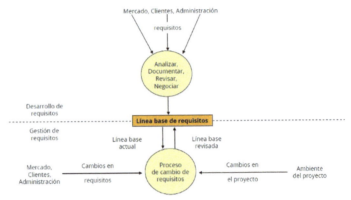

Adaptado de: Wiegers, 1999

El proceso de la Ingeniería de Requisitos quedaría definido en el siguiente gráfico

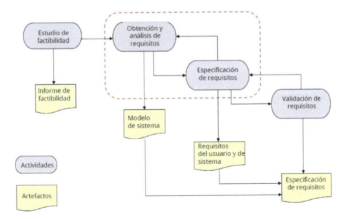

Mientras que las actividades a realizar serían las siguientes

La interacción entre etapas se definiría de la siguiente manera

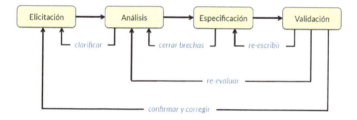

Un proceso sugerido para el desarrollo de los requisitos puede ser el siguiente:

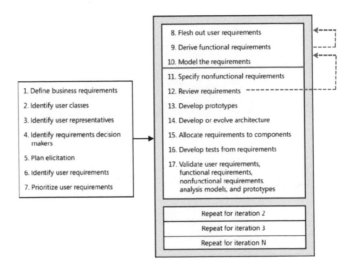

Los beneficios que proporciona contar con un proceso de requisitos de alta calidad son los siguientes:

- Menos defectos en los requisitos
- Reducción de re-trabajo
- Disminución de los costos
- Velocidad en el desarrollo
- Mejor comunicación
- Menos caos en el proyecto
- Estimación más exacta de las pruebas
- Aumento en la satisfacción de los clientes y del equipo
- Reducción del Scope Creep

El siguiente gráfico va a indicar el esfuerzo en el desarrollo de los requisitos dependiendo de distintas metodologías, como Cascada, Iterativo o faseado y ágil o incremental

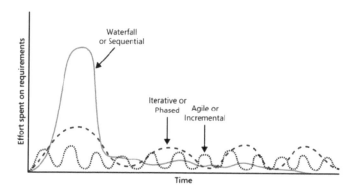

Distribución del desarrollo de requisitos en los diferentes SDLC

Al final los tiempos que se utilizan son los mismos, lo que cambia es el momento en el que se realizan, en un desarrollo en cascada se hace el mayor esfuerzo al principio, y luego, se van gestionando los cambios, mientras que, en el extremo opuesto, en las metodologías ágiles, hay que hacer un esfuerzo menor para cada sprint o iteración.

Las competencias que necesita tener una persona para la ingeniería de requisitos se resumen en la siguiente tabla

Software	Proyecto	Administración
Producto	Proyecto	Personas
1. Definición del producto 2. Administración de requerimientos 3. Administración de Subcontratistas 4. Ejecución de evaluación inicial 5. Selección de métodos y herramientas	1. Construcción de la estructura de división del trabajo (WBS) 2. Administración de riesgos 3. Selección de métricas 4. Conocimiento del negocio	1. Juntas efectivas 2. Interacción y comunicaciones 3. Negociación exitosa 4. Presentación efectiva

Uno de los temas que hay que tener en cuenta es identificar el coste relativo de corregir un error en la toma de requisitos según va avanzando el proyecto.

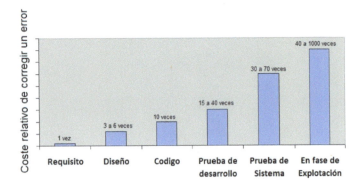

Esto nos indica de una manera clara que hay que mejorar el esfuerzo de realizar una buena Especificación de Requisitos que evite tener que hacer correcciones a posteriori por los defectos que se puedan producir.

Capítulo 7 – Riesgos comunes en la creación del ERS

Dentro de los riesgos que se suelen tener para obtener una buena especificación de requisitos, por mi experiencia puedo definir los siguientes:

- Insuficiente involucramiento de los usuarios
- Crecimiento en los requisitos de los usuarios (Scope creep)
- Requisitos ambiguos
- Chapado en oro (ya que estamos...)
- Especificación mínima
- Omitir ciertas clases de usuarios
- Planeación inadecuada
- Los requisitos continúan cambiando
- Definición incompleta de los requisitos

FALTA DE INVOLUCRAMIENTO DEL USUARIO

Los clientes comúnmente no entienden la importancia de su participación en el proceso y por otro lado, los desarrolladores no ponen mucho énfasis en el involucramiento del usuario.

USUARIOS   DESARROLLADORES

CRECIMIENTO DE LOS REQUISITOS

Uno de los problemas principales en la toma de los requisitos es el crecimiento de los mismos durante el desarrollo, lo que empieza siendo una simple calculadora, termina siendo una compleja calculadora financiera.

Hay que hacer ver al cliente/usuario, que los cambios siempre tienen un precio, y por tanto hay que hacer una correcta gestión de cambios. De esto hablaremos en el capítulo siguiente.

REQUISITOS AMBIGUOS

La ambigüedad va a generar expectativas diferentes. Al principio de este libro hemos visto varios ejemplos de a ambigüedad. Es muy importante evitar esta ambigüedad al definir los requisitos.

Customer's view   Developer's view

LA AMBIGÜEDAD GENERA EXPECTATIVAS DIFERENTES

YA QUE ESTAMOS...

Esta es una de las peores frases en un desarrollo, porque el cliente solicita funcionalidad que no se encuentra en el ERS, los recursos invertidos se consideran un desperdicio ya que los clientes en ocasiones solicitan características que agregan muy poco o incluso ningún valor al producto.

No hace mucho, tuve un cliente, en el que el 70% del tiempo de desarrollo, se fue en cambios de tipos de letra y de formateo de un reporte, para que quedara igual que él lo iba modificando en un Excel. En este caso, como el cliente pagaba las horas reales de desarrollo, no implicó coste para mi empresa, pero el valor que daba al producto era nulo.

Lo que hay que hacer es enfocarse en la funcionalidad que permita al usuario realizar sus tareas de negocio.

FEATURE CREEP

Just one more feature and it's done.

ESPECIFICACIONES MINIMAS

A quién no le ha ocurrido que el usuario presenta un sketch de lo que necesita en un papel o una servilleta en un bar o un restaurante y te pide un presupuesto y un plazo detallado, esperando a que el programador lo desarrolle en detalle según avanza el proyecto.

En estos casos, lo que hay que indicarle al cliente, es que el presupuesto que hay que pasarle, es para hacer un levantamiento completo de los requisitos, para ya con eso, darle un presupuesto completo y con plazos.

PASAR POR ALTO CLASES DE USUARIOS

Cada usuario va a tener necesidades específicas, si no se pregunta a todos los usuarios que están en el proceso a automatizar, al final es fácil que alguna cosa se pierda. Además, cada uno tiene una diferente frecuencia de uso y distintos niveles de experiencia, lo que necesitamos conocer para el desarrollo de nuestra ERS.

PLANIFICACION INCORRECTA

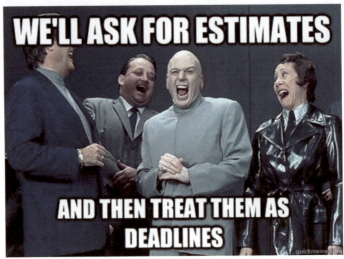

Capítulo 8.- Gestión del Cambio

Dentro de las tareas que tiene que realizar un Project Manager, la gestión del cambio es una de las más complejas. Cuando comienza un proyecto, todo va encajando poco a poco, y se va planificando, pero en todo proyecto van a surgir cambios en los requisitos que no estaban contemplados desde el principio, incluso puede que algunos totalmente nuevos.

Esos cambios pueden venir por cambios en el negocio, en la competencia, por cambios legislativos, o simplemente, porque al ver el funcionamiento del producto, al cliente se le ocurren nuevas funcionalidades.

Para poder controlar todos estos cambios, es donde entra en juego la gestión de cambios, que nos va a permitir identificar el cambio, evaluarlo, gestionarlo y finalmente comunicar toda esta información al cliente.

¿Por qué es necesario este proceso de control y gestión de cambios y que actividades incluye?

Este proceso de gestión de cambios nos tiene que ayudar a:

- Identificar los cambios solicitados
- Revisar los cambios

- Gestionar el alcance, coste, presupuesto, planificación y los requisitos de calidad del proyecto, basándonos en los cambios aprobados
- Documentar el impacto de los cambios solicitados

Toda gestión del cambio debe estar orientada a:

- Prevenir, identificar y analizar el impacto de los cambios
- Crear una Petición de Cambio
- Ajustar la planificación del proyecto
- Comunicar el cambio a los afectados

La gestión del cambio es tan importante como la especificación de requisitos documentar TODOS los cambios que se vayan realizando a lo largo del tiempo en el proyecto.

Es necesario por dos temas. El primero es para tener documentado el sistema tal como va a quedar funcionando al final. Es muy habitual, que es empresas donde se hace una especificación de requisitos al principio del desarrollo, no se guarden los cambios que se van realizando a lo largo del tiempo, y por tanto, una vez que se entrega el software y se pone en operación, el parecido entre lo que hace el software y lo que está en el documento de especificación de requisitos es mera coincidencia.

El segundo tema, e incluso más importante, es que cualquier cambio que se haga en los requisitos va a tener una repercusión en el alcance del proyecto, y va a afectar al tiempo de entrega y por tanto al coste del proyecto, y es importante que todos esos cambios queden reflejados en la documentación y que se tenga la aprobación de los mismos por parte de los responsables.

Para la gestión del cambio, lo ideal es disponer de una herramienta que permita documentar el cambio.

La información mínima que debería tener cualquier cambio es la siguiente:

- Quién solicita el cambio
- Una descripción detallada del cambio
- Quién aprueba el cambio
- Alcance el tiempo del cambio (puede ser a favor o en contra)

Capítulo 9.- Propiedades de los Requisitos

Según el estándar IEEE 830-1998 cada requisito debe poseer las siguientes propiedades individuales:

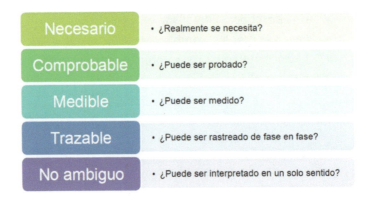

Las características de un buen requisito son las siguientes:

Y finalmente las características de la especificación de requisits (ERS, IEEE 830) son los siguientes:

Fundamentos de los Requisitos de Software

Completo
- Contiene toda la información necesaria.
- Implica que el sistema implementado es el sistema deseado.

Consistente
- Los requisitos no pueden ser contradictorios.
- No existe conflicto con otros requisitos del mismo tipo, o con los requisitos de alto nivel del negocio, de sistema o de usuario.

Modificable
- La ERS es modificable si y solo si se encuentra estructurada de forma que los cambios a los requisitos pueden realizarse de forma fácil, completa y consistente.

Trazable
- Se conoce el origen de cada requisito y se facilita la referencia de cada requisito a los componentes del diseño y de la implementación.

No ambiguo
- Es no ambigua si y solo si cada requisito descrito tiene una única interpretación.
- Cada característica del producto final debe ser descrita utilizando un término único y, en caso de que se utilicen términos similares en distintos contextos, se deben indicar claramente las diferencias entre ellos.

Capítulo 10 – Funciones principales del Analista de Negocios

Las disciplinas de la Ingeniería de Requisitos se describen en el gráfico siguiente

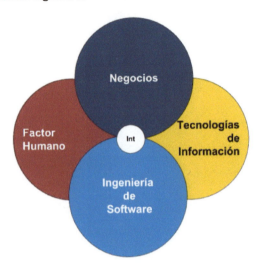

Necesita tener los siguientes conocimientos, habilidades y competencias

Competencias

Orientación de Servicio al Cliente, Solución de Problemas, Comunicación, Gestión Efectiva, Efectividad en el Trabajo, Toma de Decisiones, Trabajo en Equipo, Desarrollo de Personal, Iniciativa, Liderazgo, Enfoque de Resultados, Administración y Evaluación de Proyectos y Recursos

Habilidades

Pensamiento Convergente, Pensamiento Divergente, Pensamiento Sistémico, Lectura de Comprensión, Abstracción, Análisis, Síntesis, Critica

Conocimientos

Negocios (Dominio de la Aplicación), Tecnologías de Información, Factor Humano, Modelado de Negocios, Ingeniería de Requerimientos, Ingeniería de Software y Tecnología

Dentro de la estructura de la empresa, no es una posición administrativa y tampoco tiene autoridad, pero es clave para el éxito de los proyectos.

Lo que tiene que hacer es ser el punto de gestión de la información que viene de los distintos intervinientes del proyecto.

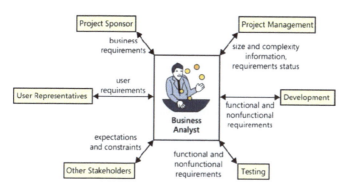

El puesto suele tener diferentes nombres en cada empresa, al final es la cara del cliente o del representante del negocio en el equipo de desarrollo.

Puede llamarse Analista de Requisitos, Analista de Sistemas, Ingeniero de Requisitos, Gerente de Requisitos, Analista de TI o simplemente Analista

No importa cómo se llame el puesto, al final es la persona que:

- Determina los problemas de negocio
- Analiza la situación
- Identifica cuál es la mejor solución
- Se asegura de que la solución resuelva el problema de negocio

La base de conocimiento que debe tener es la de ser conocedor del negocio y experimentado en cómo incrementar la productividad, reducir los costes y en el cumplimiento de las regulaciones, tanto desde el punto de vista de negocio, como de tecnología.

Alguna de las definiciones son las siguientes:

- Business Analysis Body of Knowledge v1.6

El analista de negocios se desempeña como enlace entre los stakeholders para obtener, analizar, comunicar y validar los requerimientos de cambio en los procesos de negocio, políticas y sistemas de información. El analista de negocios comprende los problemas y oportunidades de negocio en el contexto de los requerimientos y recomienda que permite a la organización alcanzar sus metas y objetivos.

- BABoK v2

El analista de negocios es cualquier persona que ejecuta actividades de Análisis de Negocio sin importar el puesto o rol que pueda tener dentro de la organización.

- The British Computer Society

El analista de negocios es un consultor interno que tiene la responsabilidad de investigar los sistemas de negocio, identificar opciones de mejora y vincular las necesidades de negocio con el uso de TI.

- Software Requirements (Karl Weigers, 2013)

Es una persona que tiene la responsabilidad primaria de elicitar, analizar, validar y documentar las necesidades de los stakeholders del proyecto.

Para mi como resumen la definición del Analista de negocios sería la persona que trabaja para entender los problemas de negocio, las brechas y oportunidades, y recomendar soluciones que permitan a la organización alcanzar sus metas y objetivos a través de una definición clara de requisitos (capacidades) en el área de dominio del problema. La solución puede incluir sistemas de TI, mejora de procesos, o cualquier otro cambio organizacional.

No ay que caer en la trampa en la que caen muchas empresas, en las que por promocionar a un programador talentos o a un usuario experto, se les ubica de forma automática como analista de negocio sin una formación adecuada, sin recursos materiales o incluso coaching, lo que hace que muchos proyectos terminen fallando por no poder definir como hemos indicado en proyectos anteriores los requisitos.

Las áreas de influencia del analista de negocio se identifican en el siguiente gráfico

Cualquier proyecto necesita tener tanto un administrador de proyecto que es el responsable de entregar al cliente a tiempo y dentro del presupuesto el producto solicitado, como el analista de negocios que debe asegurarse de que el producto sea el correcto y de acuerdo a los requisitos solicitados.

Es importante que ambos puedan hacer un buen conjunto

Project Manager y Business Analyst

	PM fuerte	PM débil
BA fuerte	Éxito de escándalo, gran equilibrio entre conseguir requisitos exactos y completos, y avanzar en el proyecto.	Demasiado tiempo en desarrollar los requisitos, proyecto retrasado y a menudo se presenta "arrastramiento del alcance" (scope creep).
BA débil	No se construyen bien los requisitos, faltan algunos, retrabajo necesario tarde en el proceso, el programa y el presupuesto sufren.	Falla el proyecto!

Al final el Analista de negocio debe estar en el centro del proyecto

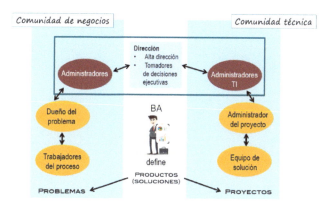

Y como habilidades esenciales debe tener las siguientes:

- Pensamiento analítico y solución de problemas
- Características de comportamiento
- Conocimiento del negocio
- Habilidades de comunicación
- Habilidad para las entrevistas
- Habilidades de interacción
- Habilidades analíticas
- Habilidades de organización
- Habilidades de escritura
- Creatividad
- Habilidades de observación
- Habilidades de modelado
- Habilidades interpersonales

Capítulo 11.- La perspectiva del cliente

Otro ejemplo del mundo real

Gerhard, un alto directivo de una empresa farmacéutica, se reunió con Cynthia, gerente del departamento de TI de la empresa. "Tenemos que construir un sistema de información de seguimiento de productos químicos", comenzó Gerhard. "El sistema debe mantener un registro de todos los recipientes de productos químicos que tenemos en el almacén y en los laboratorios. De esta manera, los ingenieros pueden saber si ya contamos con algunos productos químicos en vez de comprarlo. Esto nos debe ahorrar mucho dinero. Además, el Departamento de Salud y Seguridad necesita generar informes para el Gobierno sobre el uso de los químicos y su disposición con mucho menos esfuerzo de lo que los lleva en la actualidad. ¿Se puede construir este sistema a tiempo para la auditoría de cumplimiento en cinco meses?"

"Entiendo por qué este proyecto es importante, Gerhard", dijo Cynthia. "Pero antes de comprometernos con un calendario, tenemos que entender los requisitos para el sistema de seguimiento de productos químicos. "

Gerhard estaba confundido. "¿Qué quieres decir? Te acabo de decir mis necesidades".

"En realidad, usted describió algunos de los objetivos generales del proyecto", explicó Cynthia. " Eso no me da suficiente información para saber qué software construir y cuánto tiempo podría tomar. Me gustaría que uno de nuestros analistas de negocios trabajara con algunos usuarios para entender sus necesidades para el sistema ".

"Los ingenieros son gente ocupada", protestó Gerhard. Ellos no tienen tiempo para concretar todos los detalles antes de que ustedes inicien con la programación. ¿No puede su gente imaginarse qué construir?".

Cynthia respondió: "Si sólo hacemos nuestra mejor conjetura sobre lo que los usuarios quieren del sistema, no podremos hacer un buen trabajo. Somos desarrolladores de software, no ingenieros químicos. He aprendido que, si no nos tomamos el tiempo para entender el problema, nadie estará contento con los resultados".

"No tenemos tiempo para eso", insistió Gerhard. "Te di mis requisitos, ahora sólo construyan el sistema, por favor. Manténganme al tanto de su progreso".

Las conversaciones de este tipo se llevan a cabo regularmente en el mundo del software. Los clientes que solicitan un nuevo sistema a menudo no entienden la importancia de obtener información de los usuarios reales del sistema propuesto, así como de otras partes interesadas. Los vendedores con un gran concepto de producto creen que pueden representar adecuadamente los intereses de los posibles compradores. Sin embargo, no hay sustituto para la obtención de requisitos directamente de las personas que realmente van a utilizar el producto. Algunos métodos ágiles de desarrollo recomiendan que un representante de los clientes en sitio, a veces llamado el dueño del producto (product owner), trabajen en estrecha colaboración con el equipo de desarrollo.

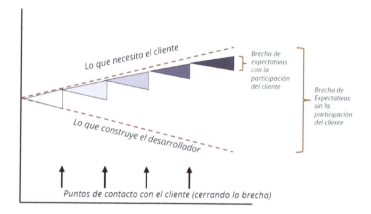

Si se mantiene un contacto continuo con el cliente, la brecha entre lo que necesita el cliente, frente a lo que construye el programador es cada vez más pequeña, ya que los realineamientos se van produciendo de forma constante a lo largo del proyecto.

La importancia de identificar los grupos de interés (stekeholders)

"un stakeholder es una persona, grupo u organización que participa activamente en un proyecto, se ve afectada por su proceso o resultado, o puede influir en su proceso o resultado."

Es importante realizar un análisis para identificar:

- Las bases
    - ¿Quién está allí afuera?
    - ¿Qué hace?
    - ¿Cómo se involucra?
- Actitudes
- Influencia y autoridad

Es importante identificar a los stakeholders porque son los actores del cambio. Para eso los pasos a seguir son los siguientes:

Mapeo de Stakeholders

"Permite formular y poner en marcha estrategias y tomar las decisiones que satisfagan a todos o a la mayor parte de los stakeholders"

El uso de un organigrama para la búsqueda de todas las partes interesadas, que se verán afectados por un nuevo sistema puede evitar problemas a futuro, por no tener toda la información necesaria disponible.

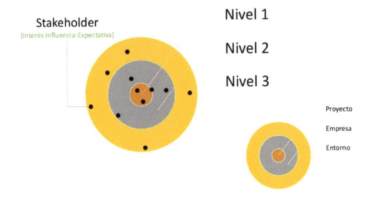

Fuera de la organización que desarrolla

Usuario directo	Dirección	Consultor
Usuario indirecto	Agencia de gobierno	Auditor
Staff de compras	Experto de dominio	Certificador
Staff legal	Director de programa	Cuerpo regulatorio
Contratante	Probador beta	Proveedor de software
	Público general	Proveedor de materiales
		Inversionista

Organización que desarrolla

Gerente de desarrollo	Staff de ventas	Patrocinador ejecutivo
Marketing	Instalador	Oficina de proyecto
Staff de soporte operativo	Mantenimiento	Manufactura
Staff legal	Experto en usabilidad	Capacitación
Arquitecto de información	Experto de dominio	Soporte de infraestructura
Accionistas	Gerente de programa	

Equipo del proyecto

Gerente de proyecto	Probador
Analista de negocios	Gerente de producto
Arquitecto de aplicación	Aseguramiento de calidad
Diseñador	Documentador
Programador	Administrador de BD
Dueño de producto	Ingeniero de hardware
Modelador de datos	Analista de infraestructura
Analista de procesos	Especialista UX

Hay 4 grupos principales de stakeholders

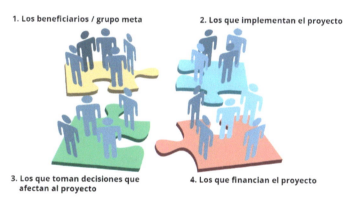

1. Los beneficiarios / grupo meta

2. Los que implementan el proyecto

3. Los que toman decisiones que afectan al proyecto

4. Los que financian el proyecto

¿Quién es el cliente?

El cliente es una subcategoría de stakeholder, es una persona u organización que obtiene un beneficio directo o indirecto de un producto. Un cliente de software, puede solicitar, pagar por, seleccionar, especificar, usar, o recibir el resultado generado por un producto de software.

81

Para hacer un análisis de stakeholders, hay que hacer un análisis (lluvia de ideas) acerca de qué personas entran en las distintas categorías y posteriormente priorizar a los interesados según su nivel de interés y poder, utilizando la matriz poder-interés

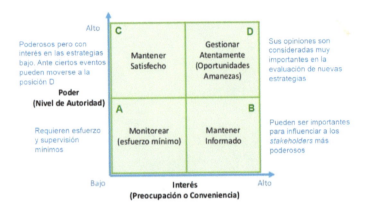

Las preguntas que debemos responder para seleccionar a nuestro grupo de stakeholders que deben participar en el proyecto son las siguientes:

1. ¿Quién tiene capacidad para decidir?
2. ¿Quién tiene influencia sobre los que deciden?
3. ¿Quién se beneficiará?
4. ¿Quién puede ser perjudicado?
5. ¿Quién no se verá impactado?
6. ¿Quién se muestra interesado?
7. ¿Quién debería mostrarse interesado?
8. ¿Quiénes podrían oponerse?
9. ¿Quiénes se opusieron en el pasado?
10. ¿Quiénes no se opusieron en el pasado?
11. ¿Quiénes son líderes de opinión en el tema?
12. ¿...?

A partir de ahí hay que generar un mapa de interés, en el que podremos encontrar las personas en los que nos debemos apoyar para que los proyectos fluyan correctamente, a quién debemos apartar del proyecto y a quién tenemos que llevar a nuestro lado.

Podemos utilizar diferentes matrices para clasificar, analizar y establecer estrategias para gestionar a los stakeholders, entre estas matrices podemos indicar:

- Matriz de poder-interés.
- Matriz de poder-influencia.
- Matriz de influencia-impacto.
- Modelo de prominencia.
- Matriz de poder-dinamismo.
- Matriz de cooperación-amenaza.
- Matriz de identificación.
- Matriz de percepción.
- Matriz de objetivos.
- Matriz de redes.
- Matriz RACI (Responsable, Accountable, Consulted, Informed)

Por ejemplo, una matriz RACI sería así

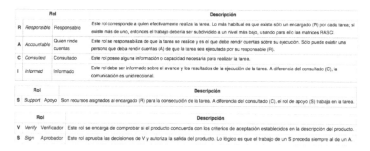

	Rol		Descripción
R	Responsible	Responsable	Este rol corresponde a quién efectivamente realiza la tarea. Lo más habitual es que exista sólo un encargado (R) por cada tarea; si existe más de uno, entonces el trabajo debería ser subdividido a un nivel más bajo, usando para ello las matrices RASCI.
A	Accountable	Quien rinde cuentas	Este rol se responsabiliza de que la tarea se realice y es el que debe rendir cuentas sobre su ejecución. Sólo puede existir una persona que deba rendir cuentas (A) de que la tarea sea ejecutada por su responsable (R).
C	Consulted	Consultado	Este rol posee alguna información o capacidad necesaria para realizar la tarea.
I	Informed	Informado	Este rol debe ser informado sobre el avance y los resultados de la ejecución de la tarea. A diferencia del consultado (C), la comunicación es unidireccional.

	Rol		Descripción
S	Support	Apoyo	Son recursos asignados al encargado (R) para la consecución de la tarea. A diferencia del consultado (C), el rol de apoyo (S) trabaja en la tarea.

	Rol		Descripción
V	Verify	Verificador	Este rol se encarga de comprobar si el producto concuerda con los criterios de aceptación establecidos en la descripción del producto.
S	Sign	Aprobador	Este rol aprueba las decisiones de V y autoriza la salida del producto. Lo lógico es que el trabajo de un S preceda siempre al de un A.

Proceso de Solicitud de Cambio	RACI
Patrocinador Ejecutivo	A
Analista de Negocio	R
Director de Proyectos	C
Desarrollador	C
Ingeniero de Pruebas	I
Instructor	I
Arquitecto de Aplicación	C
Modelador de Datos	C
Analista de Base de Datos (DBA)	C
Analista de Infraestructura	C
Arquitecto de Negocios	R
Arquitecto de Información	C
Dueño de la Solución	C
Usuario Final	I
Experto en la Materia	C
Otros Stakeholders	R, C, I (variación)

Actividad / Recurso	Ricardo	Esteban	Lucía	Mariana
Investigación	R	I	I	A
Planificación	C	A	R	I
Desarrollo			A	R
Verificación de Errores	I	R		A

O la matriz poder-influencia sería de esta forma:

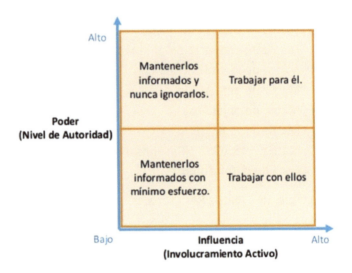

La matriz impacto-influencia

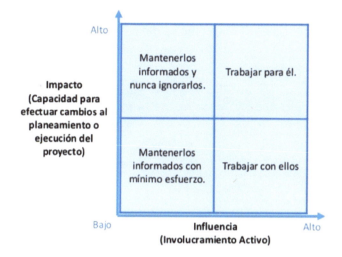

Mientras que el mapa de influencia podría ser:

Dependiendo del poder, la urgencia y la legitimidad, hay 7 tipos de stakeholders, como se define en este gráfico

Defensores y apoyo en verde
Críticos y bloque en amarillo
Neutrales en naranja

- **Poder:** Capacidad de imponer su voluntad
- **Urgencia:** Necesidad de atención inmediata
- **Legitimidad:** Su participación es apropiada

Siete tipos de Stakeholders

Latentes	Expectantes
• Durmiente	• Peligrosos
• Demandante	• Dominantes
• Discrecional	• Dependientes
	• Definitivos

¿Por qué es importante mapear a los stakeholders?

El mapeo de los stakeholders permite no caer en "falsos positivos" (Stakeholders que se consideran importantes aunque no lo son) y descuidar a los "fantasmas" (que se consideran irrelevantes pero que son muy importantes.

Usuarios finales

Dentro del grupo de los stakeholders, un grupo muy importante son los usuarios finales. Los usuarios finales son los usuarios que utilizan el sistema, tanto de forma directa, como de forma indirecta, y es importante trabajar con ellos, ya que son los que al final van a ser los responsables del uso del sistema.

Hay que tener cuidado, ya que muchas veces los clientes que proporcionan los requisitos de negocio pretenden hablar en nombre de los usuarios reales sin tener el conocimiento que tienen éstos del funcionamiento diario y de las problemáticas del día a día.

Como resumen

Un excelente producto de software resulta de un diseño bien ejecutado en base a requisitos excelentes. Los requisitos excelentes son el resultado de una colaboración efectiva entre los desarrolladores y clientes (en particular, los usuarios finales). Un esfuerzo de colaboración funciona sólo cuando todas las partes implicadas saben lo que necesitan para tener éxito, y cuando comprenden y respetan lo que sus colaboradores necesitan para tener éxito.

Derechos de los clientes

El cliente tiene derecho a

- Esperar que el analista hable su idioma
- Esperar que el analista aprenda sobre el negocio y sus objetivos
- Esperar que el analista registre los requisitos de una manera adecuada
- Recibir explicación sobre las prácticas y entregables de los requisitos
- Cambiar los requisitos
- Espera un ambiente de mutuo respeto
- Escuchar ideas para sus requisitos y para su solución
- Describir características que hagan al producto fácil de usar
- Escuchar sobre las formas de ajustar los requisitos para acelerar el desarrollo mediante la reutilización
- Recibir un sistema que cubra las necesidades funcionales y las expectativas de calidad

Responsabilidades de los clientes

El cliente tiene la responsabilidad de

- Educar al analista y a los programadores sobre el negocio
- Dedicar el tiempo que sea necesario para proporcionar y clarificar los requisitos
- Ser específico y preciso al aportar datos acerca de los requisitos
- Tomar las decisiones oportunas sobre los requisitos cuando se le solicite
- Priorizar los requisitos en colaboración con los programadores
- Revisar los requisitos y evaluar los prototipos
- Establecer los criterios de aceptación
- Comunicar con prontitud los cambios de requisitos
- Respetar el proceso de desarrollo de requisitos

 Importante. No utilice el cierre de sesión como un arma. Trátelo como un hito, con una comprensión clara y compartida de las actividades que llevan al cierre de sesión y sus implicaciones para los cambios futuros. Si los responsables de las decisiones no tienen que leer cada palabra de los requisitos, seleccione una técnica de comunicación -tal como una presentación de diapositivas- que resuma los elementos esenciales y facilite llegar a un acuerdo rápidamente.

Más importante que el ritual de cierre de sesión (sign-off) de requisitos, es la idea de establecer una línea de base del acuerdo de requisitos, una instantánea de la misma en un punto en el tiempo (Wiegers, 2006).

La línea de base de requisitos es un conjunto de requisitos que ha sido revisado y acordado, y sirve de base para un posterior desarrollo.

Ya sea que el equipo utilice un proceso de cierre formal o algún otro medio para llegar a un acuerdo sobre los requisitos, el trasfondo de ese acuerdo debe decir algo como esto:

" Estoy de acuerdo en que este conjunto de requisitos representa nuestro mejor entendimiento de los requisitos para la siguiente parte de este proyecto y que la solución descrita satisfaga nuestras necesidades como los entendemos hoy en día. Estoy de acuerdo en que los cambios futuros en esta línea base, sean tratados a través de proceso de cambio definido en el proyecto. Soy consciente de que los cambios nos pueden requerir a renegociar los costos, recursos y compromisos de calendario".

Capítulo 12 – Buenas prácticas para la Ingeniería de Requisitos

Vs.

Caso real:

"Bienvenida al grupo, Sarah", dijo el director del proyecto, Kristin. "Estamos pensando en que puedas ayudarnos con los requisitos para este proyecto. Tengo entendido que usted era un BA (analista de negocio) en su trabajo anterior. ¿Tiene alguna idea de cómo deberíamos empezar aquí?"

"Bueno", Sarah respondió:" Pienso que debería entrevistar a algunos usuarios y ver lo que quieren. Después escribiré lo que me digan. Esto debería dar a los desarrolladores un buen punto de inicio. Eso es lo que hicimos antes. ¿Sabe usted de algunos usuarios con lo que pudiera hablar?"

"Hmmm. ¿Cree que eso será suficiente para este tipo de proyecto?", Preguntó Kristin." Ya probamos este enfoque antes, pero no funcionó muy bien. Esperaba que tuviera algunas ideas sobre las mejores prácticas de sus experiencias pasadas como BA, podría ser mejor que sólo entrevistar a un par de usuarios. ¿Hay algunas técnicas particulares que usted ha encontrado que han sido especialmente útiles?"

Sarah se mostraba extraviada. "Realmente no sé de ninguna otra manera específica para abordar los requisitos, más allá de hablar con los usuarios y tratar de escribir especificaciones claras de lo que dicen. En mi último trabajo, hice lo mejor que pude en base a mi experiencia en los negocios. Déjame ver qué puedo averiguar."

Todo profesional de software necesita hacerse de un **kit de herramientas** técnicas que pueda utilizar para atender cada desafío del proyecto. Una persona sin experiencia carece de este kit de herramientas de este tipo y se ve obligado a inventar un enfoque basado en lo que le parece razonable en cada comento. Estos métodos ad-hoc rara vez producen grandes resultados.

7 categorías de buenas prácticas para Ingeniería de Requisitos

Elicitación

- Definir visión y alcance
- Identificar las clases de usuarios
- Seleccionar los product champions
- Dirigir grupos enfocados
- Identificar los requisitos de usuario
- Identificar los eventos y respuestas del sistema
- Mantener entrevistas de elicitación
- Mantener grupos de trabajo de elicitación
- Observar a los usuarios ejecutar su trabajo diario
- Distribuir cuestionarios
- Realizar análisis de documentos

- Examinar los informes de problemas
- Reutilizar los requisitos existentes

Análisis

- Modelar el entorno de la aplicación
- Crear prototipos
- Analizar la factibilidad
- Priorizar los requisitos
- Crear un diccionario de datos
- Modelar los requisitos
- Analizar los interfaces
- Identificar los requisitos de los subsistemas

Especificación

- Utilizar plantillas de documentos de especificación de requisitos
- Identificar el origen de los requisitos
- Etiquetar de forma única cada requisito
- Guardar las reglas de negocio
- Especificar los requisitos no funcionales

Validación

- Revisar los requisitos
- Probar los requisitos
- Definir los criterios de aceptación
- Simular los requisitos

Gestión de requisitos

- Establecer un proceso de control de cambios
- Realizar un análisis de impacto del cambio
- Establecer líneas base y control de versiones de los conjuntos de requisitos
- Mantener el historial de cambios

- Seguir el estado de los requisitos
- Seguir las incidencias de los requisitos
- Mantener una matriz de trazabilidad de requisitos
- Usar una herramienta de gestión de requisitos

Conocimiento

- Formar a los analistas de negocio
- Educar a los stakeholders sobre los requisitos
- Educar a los programadores sobre el dominio de la aplicación
- Definir un proceso de ingeniería de requisitos
- Crear un glosario de términos

Gestión de proyecto

- Seleccionar un ciclo de vida apropiado
- Planificar una aproximación a los requisitos
- Estimar el esfuerzo de los requisitos
- Basar la planificación en los requisitos
- Identificar los decission makers de los requisitos
- Gestionar los riesgos de los requisitos
- Hacer seguimiento de los esfuerzos de los requisitos
- Revisar las lecciones aprendidas anteriores

Cómo implementar las buenas prácticas de Ingeniaría de requisitos

Value	Difficulty		
	High	Medium	Low
High	■ Define a requirements engineering process ■ Base plans on requirements ■ Renegotiate commitments	■ Train business analysts ■ Plan requirements approach ■ Select product champions ■ Identify user requirements ■ Hold elicitation interviews ■ Specify nonfunctional requirements ■ Prioritize requirements ■ Define vision and scope ■ Establish a change control process ■ Review the requirements ■ Allocate requirements to subsystems ■ Use a requirements management tool ■ Record business rules	■ Educate developers about application domain ■ Adopt requirement document templates ■ Identify user classes ■ Model the application environment ■ Identify requirement origins ■ Establish baselines and control versions of requirements sets ■ Identify requirements decision makers

Value	Difficulty		
	High	Medium	Low
Medium	■ Maintain a requirements traceability matrix ■ Hold facilitated elicitation workshops ■ Estimate requirements effort ■ Reuse existing requirements	■ Educate stakeholders about requirements ■ Conduct focus groups ■ Create prototypes ■ Analyze feasibility ■ Define acceptance criteria ■ Model the requirements ■ Analyze interfaces ■ Perform change impact analysis ■ Select an appropriate life cycle ■ Identify system events and responses ■ Manage requirements risks ■ Review past lessons learned ■ Track requirements effort	■ Create a data dictionary ■ Observe users performing their jobs ■ Test the requirements ■ Track requirements status ■ Perform document analysis ■ Track requirements issues ■ Uniquely label each requirement ■ Create a glossary
Low		■ Distribute questionnaires ■ Maintain change history ■ Simulate the requirements	■ Examine problem reports

Importante: Ninguna de estas técnicas funcionará si usted está tratando con personas irracionales. Gerentes, clientes y personas que a veces parecen ser poco rezonables, aunqu tal vez sea un problema de que estén poco informados. Ellos no saben por qué se quieren utilizar ciertas prácticas y podrían incomodarse con los términos y actividades desconocidas. Hay que educar a los colaboradores sobre las prácticas a utilizar, por qué se quieren utilizar y por qué es importante que cooperen para lograr sus propios objetivos.

Clasificación de las técnicas de elicitación de requisitos

> En general las técnicas de obtención de requisitos se clasifican en cuatro:

OBSERVACIONALES
* Etnografía
* Análisis de protocolo

SINTÉTICAS
* JAD
* Proptotipos
* Escenarios
* Storyboards
* Investigación contextual

CONVERSACIONALES
* Entrevistas
* Talleres
* Grupos focales
* Lluvia de ideas

ANALÍTICAS
* Reúso de requisitos
* Documentación
* Técnica de la rejilla
* Laddering
* Card sorting (diagrama de afinidad)

El proceso a seguir sería el siguiente:

* Escribir un documento de visión y alcance.
* Identificar las clases de usuarios y sus características.
* Seleccionar los *product champions* para cada clase de usuario.
* Conducir grupos focales con los usuarios.
* Observar el trabajo de los usuarios.
* Elaborar talleres de elicitación.
* Trabajar con los representantes de los usuarios para identificar los casos de uso, identificando los eventos y respuestas del sistema.
* Realizar entrevistas.
* Distribuir cuestionarios.
* Realizar análisis de documentos.
* Revisar reportes de problemas del sistema actual para obtener ideas de requisitos.
* Evaluar la reutilización de los requisitos.

Durante la investigación, el analista de negocios se centra en la recogida de información en lugar de la identificación de las necesidades de los usuarios o grupos de interés específicos. De esta manera, el analista de negocios puede descubrir otros requisitos que no podría ser expresado explícitamente por la parte interesada. La definición de lo que hay que hacer para resolver el problema se produce durante el análisis.

El trabajo del usuario no es definir requisitos para nosotros. ¿Si no tienen requisitos, entonces qué tienen? Es importante identificar que la mayoría de los casos los usuarios no tienen requisitos, tienen necesidades.

Para encontrar la voz del usuario, siga los siguientes pasos:

- Identificar las diferentes clases de usuarios de su producto
- Seleccionar y trabajar con individuos que representan a cada clase de usuario y otros grupos de interés
- Ponerse de acuerdo en quienes toman las decisiones de requisitos para su proyecto

Trampas a evitar con el product champion

- Los gerentes anulan las decisiones que un "campeón de producto" calificado y debidamente autorizado hace.
- Un campeón de producto que se olvida de que está representando a otros clientes y presenta solamente sus propios requisitos.
- Un campeón de producto que carece de una visión clara del nuevo sistema podría dejar las decisiones al BA.

- Un usuario de alto nivel podría designar a un usuario menos experimentado como campeón porque el no tiene tiempo para hacer el trabajo.
- Cuidado con los usuarios que pretenden hablar en nombre de una clase de usuario a los que no pertenecen.

Para solucionar esto, se utiliza un diagrama de afinidad

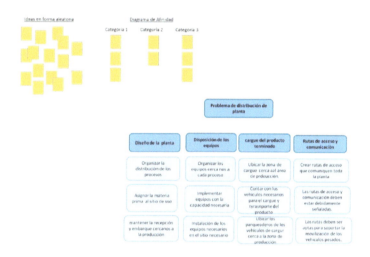

Algunas sugerencias para resolver disputas en requisitos

Disagreement between	How to resolve
Individual users	Product champion or product owner decides
User classes	Favored user class gets preference
Market segments	Segment with greatest impact on business success gets preference
Corporate customers	Business objectives dictate direction
Users and user managers	Product owner or product champion for the user class decides
Development and customers	Customers get preference, but in alignment with business objectives
Development and marketing	Marketing gets preference

Cómo sabemos que hemos terminado de tomar los requisitos

No hay una señal simple que indique cuando se ha completado la elicitación de requisitos

Las siguientes señales indican que usted está alcanzando el punto de rendimientos decrecientes en la obtención de requisito, al menos por ahora. Tal vez haya terminado si:

- Los usuarios no pueden pensar en más casos de uso o historias de usuario. Los usuarios tienden a identificar los requisitos de usuarios en secuencia decreciente en importancia.
- Los usuarios proponen nuevos escenarios, pero que no llevan a ningún nuevo requisito funcional. Un "nuevo " caso de uso realmente podría ser un flujo alternativo de un caso de uso que ya se ha capturado.

TRAMPA

- No justificar hacer cualquier cosa que demande el cliente sólo porque " El cliente siempre tiene la razón".
- "Todos sabemos que el cliente no siempre tiene la razón (Wiegers 2011)".
- A veces, un cliente no es razonable, está mal informado, o de mal humor.
- Sin embargo, el cliente siempre tiene un punto de vista, y el equipo de software debe entender y respetar ese punto .

Capítulo 13.- Técnicas y herramientas de desarrollo de requisitos

Hay múltiples herramientas para la toma de requisitos, voy a enumerar algunos, si queréis más información sobre cada uno de ellos, podéis ampliar la información en Internet, ya que no es alcance de este libro.

Diagrama DFD

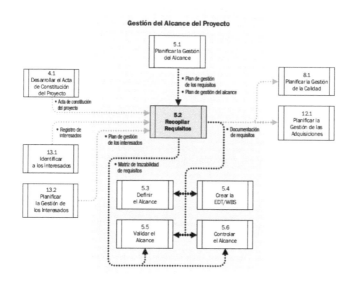

DFD Ejemplo

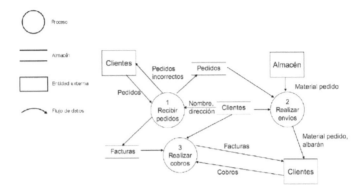

5 Whys

La técnica de los 5 por qué es útil para descubrir el problema real. Desarrollada por Sakichi Toyoda. Adoptada por las prácticas de Six Sigma. Ayuda a distinguir los síntomas de las causas raíz preguntando "Por qué" cinco veces hasta llegar a la raíz del problema. Para nuestro propósito la técnica sirve para generar más información aun y cuando no se llegue a la raíz del problema.

Un ejemplo podría ser:

- **Ejemplo 1**: No se ha entregado a tiempo el informe

    ¿Por qué? – No se ha tenido acabado para el plazo pactado.

    ¿Por qué? – No se dimensionó correctamente el trabajo.

    ¿Por qué? – No se tuvo en cuenta toda la información que tenía que aparecer.

    ¿Por qué? – No se proporcionó a los responsables del informe de toda la información.

100

¿Por qué? – No aparecen en la lista común de distribución.

$ Causa Raíz: No todo el equipo está informado porque las listas de distribución del correo no se actualizan.

Diagrama de contexto

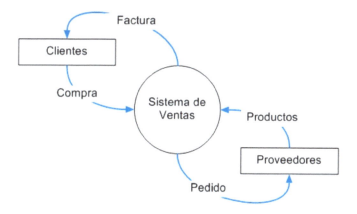

Alcance

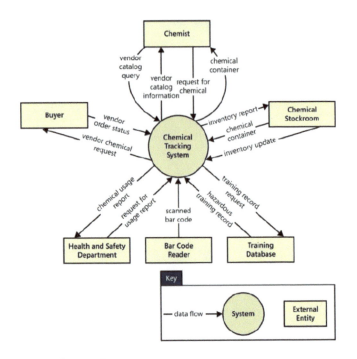

Mapa de ecosistema

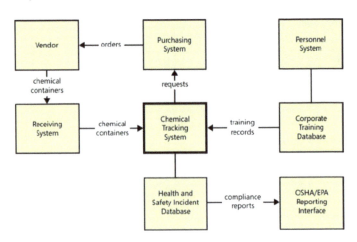

Árbol de características

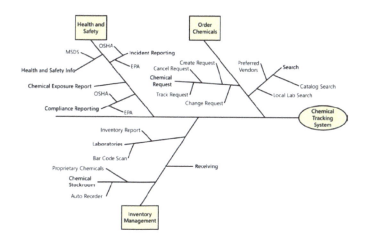

Lista de eventos

External Events for Chemical Tracking System

- Chemist places a chemical request.
- Chemical container bar code is scanned.
- Time to generate OSHA compliance report arrives.
- Vendor issues new chemical catalog.
- New proprietary chemical is accessioned into system.
- Vendor indicates chemical is backordered.
- Chemist asks to generate his chemical exposure report.
- Updated material safety datasheet is received from EPA.
- New vendor is added to preferred vendor list.
- Chemical container is received from vendor.

Casos de uso

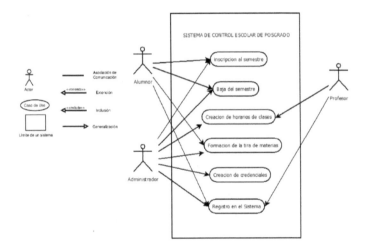

Tabla de evento-respuesta

Actor	Evento (o Caso de uso)	Activador	Respuestas
Estudiante	Actualizar información estudiante	Nueva información estudiante	Generar Confirmación del cambio de datos alumno. Actualizar Alumno de la base de datos
Estudiante	Matricularse en una o varias asignaturas	Nueva matrícula	Generar Confirmación de la matrícula. Generar Solicitud de matrícula excepcional. Crear Matriculación de la base de datos. Crear Instancia de la base de datos
Estudiante	Cambiar matrícula de una o varias asignatura	Cambio de matrícula	Generar Confirmación cambio de la matrícula. Actualizar Matriculación de la base de datos
Estudiante	Solicitar expediente académico	Solicitud de expediente	Generar Informe de expediente académico
Estudiante	Solicitar revisión de asignatura	Solicitud de revisión asignatura	Generar Solicitud de matrícula pendiente. Crear Instancia de la base de datos
Estudiante	Solicitar subvención	Solicitud de subvención	Generar Solicitud de subvención pendiente. Generar Nueva subvención. Crear Instancia de la base de datos

Otras herramientas para resolver problemas

- A3 Toyota problema solving
- 8 disciplinas
- Árbol de problemas
- 5 W y 1 H

Capítulo 14 – Requisitos Agiles / Historias de Usuario

¿Qué son? ¿Cómo se ven?

Las Historias de Usuario son una manera simple de describir una tarea concisa que aporta valor al usuario o al negocio. No se detalla más hasta el momento en el que las historias de usuario se vayan a desarrollar

Una historia de usuario es una "invitación para tener una conversación"

Las historias de usuario pueden ser creadas durante las conversaciones con los usuarios interesados (stakeholders) sobre nuevas funcionalidades o mejoras del proyecto.

Son una forma de reemplazar la documentación con conversaciones y permiten la evolución gradual...qué, tamaño, prioridad, UATs, arquitectura/diseño, etc.

¿Por qué usar las Historias de Usuario?

Son más humanas que los casos de uso, o los requerimientos funcionales.

Las historias de usuario son un instrumento para el levantamiento de requerimientos para el desarrollo de software.

Son descripciones cortas de una funcionalidad de software requerida por un cliente o un usuario.

Utilizamos las historias de usuario porque siguen los principios básicos de requerimientos agiles:

- Potencian la participación del equipo en la toma de decisiones.
- Se crean y evolucionan a medida que el proyecto avanza.
- Son peticiones concretas y pequeñas.
- Contiene la información imprescindible. Menos, es más.
- Apoyan la cooperación, colaboración y conversación entre los miembros del equipo, lo que es fundamental.

Temas, épicas e historias de usuario

Según el nivel de detalle, podemos organizar el Roadmap de nuestro proyecto en:

- **Temas**. Grandes proyectos, peticiones globales sin más análisis ni detalles

  "Buscador de ofertas de trabajo"

  "Backoffice para agregar ofertas de trabajo"

- **Epicas**. "Super" historias de usuario, más concretas que los Temas

  "Sistema de búsqueda por texto libre de ofertas de trabajo"

  "Filtros que aplicar a la búsqueda"

  "Presentación listado-detalle de los resultados de búsqueda"

- **Historias de Usuario**. Una manera Simple de describir una tarea concisa que aporta valor

  "Como candidato quiero buscar en las ofertas de trabajo para ver cuales me interesan"

"Como candidato quiero poder encontrar ofertas filtradas para obtener solo las de mi zona, mi profesión y la remuneración que yo quiera".

- **Tareas**. Las HU pueden ser divididas en diversas tareas por necesidades técnicas.

"Crear UI de presentación de resultados"

"Crear los métodos de consulta a BBDD para que retornen resultados"

"Mostrar mensaje si no se encuentran resultados con los criterios de búsqueda"

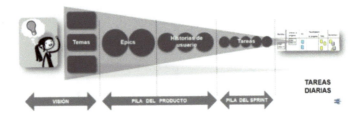

Las 3 "c" de las historias

- **Tarjeta (Card)**. Una descripción escrita en lenguaje de negocio que sirve como identificación y recordatorio del requerimiento y ayuda para la planificación mediante la priorización.
- **Conversación (Conversation)**. El diálogo que ocurre entre los miembros del equipo y el PO (dueño de producto, voz del cliente) para aclarar los detalles y dudas sobre esa HU. Es la parte más importante de la historia.
- **Confirmación (Confirmation)**. Que pruebas se llevarán a cabo para poder decir que la HU se ha

completado con éxito. Puede añadirse en la conversación entre el equipo y el PO

Para escribir una Historia de usuario hay que tener en cuenta describir el **Rol**, la **funcionalidad** y el **resultado esperado** de la aplicación en una frase corta. Adicionalmente, debe venir acompañada de los criterios de aceptación, no más de 4 por historia, redactado también en una frase que incluya el contexto, el evento y el comportamiento esperado ante ese evento.

Algunas características deseables de las historias de usuario son:

- Que sean escritas por el usuario o por un analista de negocio que le represente.
- Frase corta que encaje en una tarjeta de 3 por 5 pulgadas.
- Debe describir el rol desempeñado por el usuario en el sistema, descrito de forma explícita.
- Debe describir el beneficio para el área de negocio que representa esta funcionalidad.

El título un breve texto para poder referenciar esta HU.
La descripción. En las Tarjetas donde describimos la HU debemos describir y focalizarnos en el objetivo, en el por qué y no en el cómo.

Usamos el patrón: "Como [ROL], Quiero [FUNCIONALIDAD], Para [BENEFICIO] "

Clarifica que se quiere conseguir, a quien aportara valor y porqué una HU es útil. Este formato deja la posibilidad abierta de cómo debe implementarse una HU, puedes aportar ideas de otras formas de obtener el objetivo de la HU

Prioridad de negocio. Valor número para priorización. Sin ninguna escala determinada, simplemente 100 vale más que 80.

Estimación. Durante el Sprint Planing el equipo asigna el esfuerzo en puntos de historia necesario para realizar la HU

Criterio de aceptación. Una breve descripción de "hecho", que pruebas se llevaran a cabo para poder decir que la HU se ha completado con éxito.
Si es necesario, se adjuntara el copy de mensaje de "error" y de mensaje de "éxito"
"La búsqueda me ha de devolver una linea por cada oferta encontrada o el mensaje de error 'No se encuentran ofertas de TEXTO DE BUSQUEDA"
"Si los resultados son más de 20, poder paginar entre ellos"

Prototipo. Como buena practica, recomendamos el uso de prototipados siempre que podamos como explicación e ilustración de la HU.

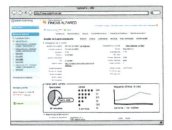

No debemos confundirlas con Casos de Uso o Escenarios de uso, la gran diferencia, es que son más cortas y no deben describir la interfaz con el usuario, los pasos de navegación o flujo de procesos de la aplicación.

Los beneficios de este tipo de redacción son:

- **Primera persona**. La redacción en primera persona de la HU invita a quién la lee a ponerse en el lugar del usuario
- **Priorización**. Ayuda al PO a priorizar. Si el PB son un conjunto de Items como "confirmar un evento tentativo", "notificar al responsable de logística", "ver el estado de inscripciones", etc. el PO puede trabajar más en conocer cuál es la funcionalidad, quién se beneficia y cuál es el valor de la misma.
- **Propósito**. Conocer el propósito de una funcionalidad permite al equipo de desarrollo plantear alternativas que cumplan con el mismo propósito en el caso de que el costo de la funcionalidad sea alto o su construcción no sea viable.

Una buena historia de usuario también sigue el modelo INVEST (Independiente, Negociable, Estimable, Pequeña (Small), y Testeable).

Veamos lo que significa:

- **Independiente.** Una historia debería ser independiente de otras. Facilitan la planificacion, priorizar y estimación.
- **Negociable.** La "tarjeta" de la historia es tan sólo una descripción corta que no incluye detalles. Los detalles se añaden mediante la conversación.
- **Valiosa.** Cada historia tiene que tener valor para el cliente (para el usuario o para el comprador).
- **Estimable.** El equipo necesitan poder estimar una historia de usuario. Historias demasiado grandes o inconcretas, no se pueden estimar.

- **Pequeña.** Una buena historia debe ser pequeña en esfuerzo, debería ser realizable en menos de una semana.
- **Testeable.** Una historia necesita poder probarse y saber que la HU se ha completado con éxito.

Los criterios de aceptación de los objetivos suelen ponerse en forma de pruebas de aceptación que se realizarán, indicando cómo debe comportarse el sistema (o BDD, Behaviour Driven Development) con el formato "Dado aaa, cuando se produzca bbb, entonces ccc", donde aaa es la situación en la que se encuentra el sistema, bbb es un evento que lo hará cambiar y ccc es el resultado

SI **\<contexto\>**

CUANDO **\<acción\>**

ENTONCES **\<resultado\>**

Ventajas que aportan las historias de usuario:

- Al ser muy cortas, estas representan requisitos del modelo de negocio que pueden implementarse rápidamente (días o semanas)
- Necesitan poco mantenimiento
- Mantienen una relación cercana con el cliente
- Permiten dividir los proyectos en pequeñas entregas
- Permiten estimar fácilmente el esfuerzo de desarrollo
- Son ideales para proyectos con requisitos volátiles o no muy claros

Desde la perspectiva del cliente, las historias pueden ser:

- **Must have** (no se puede hacer una LIBERACIÓN sin estas historias. BÁSICAS)
- **Like to have** (aunque las queremos, la LIBERACIÓN puede salir sin éstas. LINEALES)
- **Nice to have** (las deseamos pero no las necesitamos. EMOCIONANTES)

Algunas historias "viajan juntas" o tienen dependencias:

- **A** y **B** deben implementarse al mismo tiempo...de otra forma no tendrían sentido
- **A** debe preceder a **B**, de otra forma no se podría implementar **B**